PADRE FLÁVIO SOBREIRO

Reflexões e orações para uma vida feliz

SANTUÁRIO

DIREÇÃO EDITORIAL:
Pe. Fábio Evaristo R. Silva, C.Ss.R.

COPIDESQUE:
Denis Faria

CONSELHO EDITORIAL:
Pe. Ferdinando Mancilio, C.Ss.R.
Pe. Marlos Aurélio, C.Ss.R.
Pe. Mauro Vilela, C.Ss.R.
Pe. Victor Hugo Lapenta, C.Ss.R.

REVISÃO:
Luana Galvão

DIAGRAMAÇÃO E CAPA:
Bruno Olivoto

COORDENAÇÃO EDITORIAL:
Ana Lúcia de Castro Leite

**Dados Internacionais de Catalogação na Publicação (CIP)
(Câmara Brasileira do Livro, SP, Brasil)**

Sobreiro, Flávio
  Reflexões e orações para uma vida feliz/ Padre Flávio Sobreiro.
— Aparecida, SP: Editora Santuário, 2018.

  ISBN 978-85-369-0523-5

  1. Espiritualidade 2. Orações 3. Reflexões I. Título.

17-09819   CDD-242.2

Índices para catálogo sistemático:
1. Orações: Vida cristã: Cristianismo 242.2
2. Reflexões: Vida cristã: Cristianismo 242.2

1ª impressão

Todos os direitos reservados à **EDITORA SANTUÁRIO** – 2018

Rua Pe. Claro Monteiro, 342 – 12570-000 – Aparecida-SP
Tel.: 12 3104-2000 – Televendas: 0800 - 16 00 04
www.editorasantuario.com.br
vendas@editorasantuario.com.br

A verdadeira felicidade é
conquistada diariamente
por meio de um crescimento
espiritual e humano.

SUMÁRIO

I. Alguns cuidados com a própria alma | 7
    Aprender a viver consigo mesmo | 9
    Curar as feridas da alma | 13
    Conhecer o próprio coração | 17
    Estar atento aos sentimentos ruins | 21
    Encontrar seu lugar no mundo | 25
    Ser amigo do silêncio | 29

II. Pequenas mudanças, grandes resultados | 33
    Libertar-se do veneno da inveja | 35
    Superar a impaciência de cada dia | 39
    Ser cuidadoso com as palavras | 45
    Não se deixar dominar pela vingança | 48
    Enfrentar a depressão com fé e esperança | 52

III. Exercícios espirituais para ser feliz | 57
    Encontrar a própria identidade | 59
    Descobrir o verdadeiro sentido da vida | 62
    Ajudar o próximo com misericórdia | 66
    Iluminar a vida com amor | 70
    Orar com confiança | 74
    Ter propósitos espirituais elevados | 77

I
Alguns cuidados com a própria alma

APRENDER A VIVER CONSIGO MESMO

A vida é uma difícil aventura de viver consigo mesmo. Muito daquilo que vemos no outro é apenas reflexo do que nossa alma insiste em não aceitar. A esse sentimento denominamos "projeção". O outro, por vezes, torna-se um espelho diante de uma realidade que não aceitamos em nós mesmos. A mais longa viagem que podemos fazer é para dentro de nosso próprio coração. Em territórios desconhecidos, os sentimentos, ainda não reconciliados com nosso coração, sempre são inimigos a serem combatidos em uma guerra sem-fim. Entre o coração e a solidariedade há uma ponte de amor a ser atravessada.

Quem não aprende a viver consigo mesmo dificilmente conseguirá conviver com o próximo. Encontrar-se é uma arte. Somente quando aprendemos a caminhar com leveza, por entre os espinhos de nossa alma, é que conseguimos observar que as flores também se encontram lá, por vezes escondidas entre as ervas daninhas de nossa pressa existencial. O fruto da vida só é doce quando temos a coragem de vivenciar os processos de amadurecimento dos sentimentos que amargam nossa história.

Muitos se acostumaram a fazer da vida um eterno plantão de reclamações. Acordam pela manhã reclamando do trabalho e das pessoas com quem terão de conviver durante o dia. Passam o dia reclamando de pequenas coisas que já se tornaram, em suas vidas, montanhas de aborrecimentos. Aquilo que não aceitamos cria raízes em nossa alma.

Pessoas que se encontram nessa etapa de intolerância geralmente não consideram ninguém digno de confiança; não possuem amigos nem suportam ninguém. Não têm confiança em ninguém, porque não confiam em si mesmas; não têm amigos, porque são inimigas de si mesmas; não suportam nenhuma pessoa, porque não suportam mais a condição existencial na qual se encontram.

Muito mais triste do que reclamar é alguém ter de conviver com todos esses sentimentos que fazem da alma um espaço de trevas, no qual as luzes do amor, da bondade e da paz não conseguem entrar. Acostumou-se a viver na escuridão de seus próprios sentimentos. Enxergar a luz do sol do amor e da paz é tão doloroso quanto assumir os erros diante das realidades tão claras na vida.

A mudança interior começa quando assumimos nossa responsabilidade diante das escolhas que fazemos na vida. Não adianta culpar o outro pelo mundo que criamos em nosso coração. Somos os artesãos de nossas dores e alegrias. Por vezes, será preciso nos aventurarmos na descoberta de nós mesmos, adquirirmos a consciência das trevas que habitam nosso coração e lutarmos para vencer uma batalha, na qual a luz será sempre um caminho a ser reencontrado.

Quem deseja enganar a si mesmo, com as ilusões que cria diante dos próprios erros, faz da vida uma mentira e se perde nos territórios paganizados de sua alma.

Jesus conhecia o coração do ser humano, por isso mesmo o seu olhar era sempre de misericórdia. Os erros de um tempo passado só poderiam ser deixados para trás se a pessoa aceitasse trilhar novos caminhos, ao encontro de si mesma.

A cada dia somos chamados a fazer da vida a mais bela escola, na qual cada erro se torna oportunidade de crescimento humano e espiritual. O futuro é o presente que construímos em nós mesmos.

Senhor Misericordioso,
que acolhe com amor as
fragilidades e vitórias,
auxiliai-me nos caminhos da vida
para que eu aprenda a conviver
com minhas qualidades
e busque, a cada dia,
o amadurecimento necessário
diante de minhas pequenas e
grandes imperfeições.
Ajudai-me a crescer na fé,
no amor e na bondade,
para que, aceitando-me como sou,
possa ser como vós desejais.
Amém!

CURAR AS FERIDAS DA ALMA

Somente quem se propõe a cuidar das pessoas com misericórdia consegue cicatrizar as feridas expostas. Desfigurado e peregrinando quase sem vida, um leproso encontrou-se com o Senhor. Com certeza, já havia ouvido algo sobre as curas que Jesus realizava. Diante dele, encontrava, agora, a possibilidade de ter sua vida transformada. Aproximou-se do Senhor e lhe disse: "Senhor, se quiseres podes purificar-me". Jesus, estendendo a mão, tocou-lhe e disse: "Quero, fica limpo" (cf. Mt 8,1-4).

O milagre aconteceu, a lepra foi banida da vida daquele que antes caminhava sem rumo nem direção. Em Jesus, aquele homem encontrou não somente a cura para sua enfermidade, mas teve sua dignidade de pessoa humana resgatada. Lembremos que, naquele tempo, um leproso era excluído do convívio social e religioso. Segundo a concepção da época, quem tinha lepra carregava a condenação pela punição de um pecado grave que havia cometido. Excluído da presença de Deus pela sociedade religiosa e afastado da comunidade, não lhe restava outra alternativa a não ser mendigar compaixão das pessoas de boa vontade.

Muitos carregam feridas em sua alma. Muitas delas adquiridas por erros, escolhas malfeitas, rótulos impostos pela sociedade, discriminação, feridas espirituais e psicológicas não cicatrizadas.

Jesus, com sua misericórdia e ternura, aproxima-se de todos nós que carregamos em nossa alma as marcas da lepra ainda não curada. Ele se aproxima de nós, toca-nos com seu amor e restaura nossa vida. Mesmo sendo impuros, o Senhor deseja nos devolver a vida em plenitude que um dia sonhou para cada um de nós.

Para curar as lepras de nossa alma é necessário que nos reconheçamos enfermos. Não há cura para quem não consegue diagnosticar suas doenças.

Este é o primeiro passo: dar nome a nossas feridas. Para executar esse passo, é necessário coragem diante daquilo que em nós se encontra enfermo. Não tenhamos medo de olhar nossas mazelas com olhar de misericórdia. Examinemos nossa consciência com a certeza de quem busca iniciar uma vida nova.

O segundo passo é procurarmos o sacramento da confissão; apresentarmos a Deus, por intermédio de um presbítero, nossas feridas. Rasgar o coração, abrir o livro da vida, deixar Deus olhar nossas feridas abertas e ainda não curadas. Somente com o perdão de Deus derramado como bálsamo em nossas lepras, vamos trilhar um caminho de cura. O amor do Pai nos devolve a dignidade que as lepras do pecado roubaram.

Uma vez diagnosticadas nossas feridas e confessadas nossas enfermidades, precisamos buscar um novo caminho. Somente quem se propõe a cuidar das pessoas com misericórdia consegue cicatrizar as feridas expostas. Deus derrama sobre nós o bálsamo da misericórdia, mas é preciso que cuidemos das feridas diariamente, para que elas não voltem a sangrar.

Somente uma vida de oração, alimentada pela Eucaristia, fortalecida pelo sacramento da confissão e alicerçada na perseverança, será o caminho que curará as lepras de nossa alma. Jesus quer nos curar, no entanto, é preciso que desejemos, do mais profundo do nosso coração, essa cura e busquemos fazer nossa parte no processo de uma vida nova, agora vivenciada sob a misericórdia e a ternura de Jesus Cristo. Quer ser curado? Comece hoje mesmo a fazer sua parte e busque em Cristo uma vida em plenitude.

Cristo Salvador,
que tantos enfermos da alma
e do corpo curastes,
vinde em socorro de minhas fraquezas
corporais e espirituais,
para que, renovado em vosso
amor misericordioso,
possa vos louvar com
palavras e ações,
pensamentos e atitudes.
Curai e restaurai minha alma
e conduzi-me sempre ao caminho
do amor e da paz.
Amém!

CONHECER O PRÓPRIO CORAÇÃO

"O mais importante do bordado é o avesso" (Jorge Vercillo e J. Velloso).

Nossa sociedade tornou-se sinônimo de agitação; já não encontramos tempo para mais nada. Desejamos que o dia tenha trinta horas, porque as 24 horas que temos parecem poucas para tantas demandas próprias de nosso cotidiano. Divorciamo-nos da paciência e, hoje, somos prisioneiros da pressa. Buscamos o futuro sem viver o presente. Nas tramas da vida, os bordados de nossa história são, por vezes, malfeitos e tortos.

A arte do bordado carrega em si um grande ensinamento para nossa vida. Se o avesso do bordado estiver perfeito, o bordado também estará. No entanto, se o avesso do bordado estiver defeituoso, o bordado também estará imperfeito, mesmo que, ao primeiro olhar, ele pareça bonito.

Muitos corações estão com o avesso mal-acabado. Há linhas de sentimentos soltas e nós de incompreensões mal arrematados. A princípio muitos seres humanos apresentam-se perfeitos, mas basta um minuto a mais na companhia desses "bordados" e descobrimos que ainda há muitas linhas soltas na alma humana. A vida agitada impediu que eles arrematassem o que ainda estava incompleto.

O bordado é um processo que tem o ritmo da paciência. Algumas peças levam muito tempo para ficarem prontas e belas. E o tempo é fundamental para quem se propõe a realizar um bom trabalho. O processo de vivenciar o tempo é fundamental na vida de quem deseja que seu avesso seja arrematado com perfeição. O fruto verde não amadurece antes do tempo que lhe cabe. Nossos sentimentos precisam se reconciliar com as estações de nossa alma. Colher o que ainda está verde prejudica o sabor das experiências maduras.

O avesso de muitas pessoas está desfigurado e malcuidado. A pressa e a busca por soluções imediatas têm prejudicado muitos na arte de se fazerem humanos. Não existe bordado perfeito se as tramas e as linhas do avesso de nossa alma estiverem mal arrematadas.

Na mitologia grega, Ariadne foi a heroína que deu a seu amado um novelo de lã, para que ele conseguisse sair com vida de um perigoso labirinto – bastava seguir o fio para achar o caminho. Muitos precisam encontrar o fio de suas vidas para sair dos labirintos que os aprisionam. Seguir o fio da vida é nos aventurarmos por meio dos labirintos de nosso avesso complexo e ainda não terminado.

O que torna o bordado de nossa vida mal terminado é a pressa em querermos ser aquilo que o tempo ainda não amadureceu. Os bordados de nossas atitudes serão tão belos à medida que permitirmos que Deus arremate, no tempo que lhe cabe, o avesso de nossa alma. Nos bordados de nossas experiências descobriremos que o avesso de nossa alma precisa de um cuidado que se chama tempo.

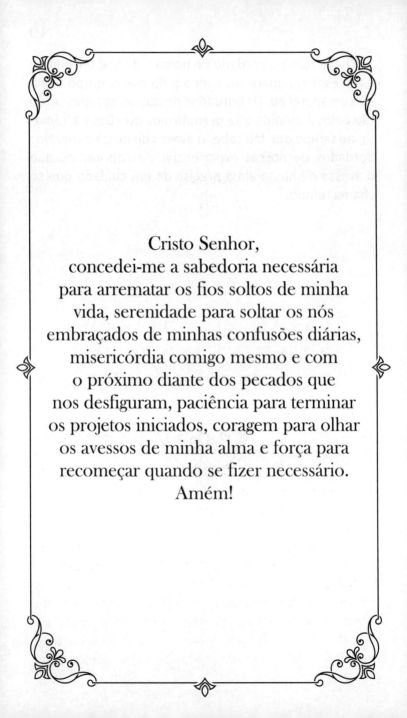

Cristo Senhor,
concedei-me a sabedoria necessária
para arrematar os fios soltos de minha
vida, serenidade para soltar os nós
embraçados de minhas confusões diárias,
misericórdia comigo mesmo e com
o próximo diante dos pecados que
nos desfiguram, paciência para terminar
os projetos iniciados, coragem para olhar
os avessos de minha alma e força para
recomeçar quando se fizer necessário.
Amém!

ESTAR ATENTO AOS SENTIMENTOS RUINS

A vida nem sempre é um oásis de paz. Há momentos em que nos vemos perdidos em um grande deserto. Nada conseguimos enxergar. Olhamos e só vemos o sol e a areia, o calor e as miragens. Não há sinais de vida que devolvam a nosso coração a esperança de outrora. Atravessar desertos nem sempre é uma tarefa fácil, pois, neles, entramos em contato com as mais variadas tentações, nascidas a partir de nossas mais diversas sedes: desânimo, falta de fé, revoltas interiores, desejos de vingança, poder, ganância, inveja... Podemos dizer que, no deserto, somos confrontados com nossos demônios interiores que ficam adormecidos em nosso coração, esperando o momento certo de acordar, e quando acordam podem provocar uma destruição enorme em nossa alma e, consequentemente, em nossa vida, tanto humana quanto espiritual.

O povo de Deus também percorreu muitos desertos físicos e espirituais. Contudo, foi a confiança em sua misericórdia e em seu amor que libertou o povo dessa travessia que, muitas vezes, parecia não ter fim. Esse gesto de libertação marcou, definitivamente, a vida dessas pessoas. Na liberdade, experimentaram o amor concreto de um Deus presente em meio às maiores dificuldades da travessia. Essa libertação deixou marcas profundas na história da salvação. Nada mais seria como antes. Outros desertos iriam surgir, mas eles agora sabiam que não estavam mais sozinhos. Em meio às dificuldades das novas travessias dos desertos que deveriam fazer, tinham plena certeza de que Deus caminhava com eles.

Nossa vida é marcada por desertos. Em meio a esses momentos, sentimo-nos, muitas vezes, sozinhos e desamparados. Parece que nunca chegaremos ao final da travessia. Mas é na experiência do povo de Deus, que encontramos fortaleza para seguir adiante. Não estamos sós. Somos acompanhados pelo amor de Deus, que nos guia constantemente e que nos indica o melhor caminho a ser seguido.

A experiência do deserto também atingiu, de maneira profunda, a vida de Jesus. Após ser batizado no rio Jordão, Ele foi conduzido pelo Espírito ao deserto. Quarenta dias de jejum e de provações marcaram esse tempo na vida de Cristo.

No deserto, entramos em contato com nossos desejos mais profundos. Para sairmos dele somos tentados a aceitar qualquer oferta que nos garanta uma libertação. Porém, muitas dessas propostas são ilusórias. Poderíamos dizer que são miragens, pois se desfazem rapidamente. Não são verdadeiras, pois baseiam-se em nosso desejo de superarmos uma dificuldade de modo fácil e superficial.

Jesus foi tentado pelo demônio. Foi convidado a saciar sua fome, mas seu alimento era divino. Foi tentado a obter poder sobre muitos reinos terrenos, mas seu Reino era do Céu. Foi tentado a desafiar o poder de Deus, mas Ele mesmo era Deus. Cristo venceu a tentação a partir de suas próprias certezas.

No deserto da vida, somos tentados a saciar nossas sedes de muitos modos, mas a água que nos é oferecida não sacia nossa verdadeira sede. Os demônios interiores colocam-nos diante de muitas tentações e miragens. Todas essas, porém, ilusórias. Para não se perder é preciso, antes, encontrar-se.

Em Cristo e em sua Palavra, somos convidados a nos encontrarmos com a fonte da verdadeira vida. Vencendo os demônios dos desertos da vida, faremos a experiência da libertação naquele que é o nosso Libertador.

Cristo libertador,
que no deserto enfrentastes as tentações
do demônio, libertai-me dos demônios
da alma, que me roubam, a cada dia,
a felicidade.
Ensinai-me por vossa Palavra
a vencê-los com a força da oração
e com o poder de vosso santíssimo nome.
Nos desertos: acompanhai-me;
nas batalhas: defendei-me;
nas dificuldades: acompanhai-me.
Amém!

ENCONTRAR SEU LUGAR NO MUNDO

Muitas questões existenciais percorrem os caminhos de nossa natureza humana. Reféns de um sistema repleto de inúmeras respostas e soluções fáceis aos diversos questionamentos humanos, há perguntas que continuarão sem respostas e há respostas que sempre serão tão frágeis como a palha seca, que se queima com a primeira faísca de um questionamento mais profundo.

Fato é que o coração, muitas vezes, precisa de um porto seguro, onde viver seja uma experiência concreta e que traga felicidade plena. Há, no entanto, pessoas que não buscam a razão de viver, pois já a descobriram, ou, então, estão felizes como vivem. Mas e aqueles que buscam a plenitude do viver?

Viver uma vida plena implica aprendizagem. Quando me refiro ao aprendizado, estou alicerçado em um conceito que vai além de um sistema educacional baseado no saber teórico, pois viver é sempre a extensão prática da teoria.

A teoria nos apresenta conceitos e experiências particulares. Cada ser humano vê o mundo no singular do universo que cria para si mesmo. Interpreta a vida de acordo com suas crenças ou descrenças. Descobre e perde-se nas tramas que permeiam seu ser. E vai, assim, construindo seu habitat existencial, à medida que se aventura em territórios, muitas vezes, desconhecidos.

Nascemos sem um manual de instruções. Ao longo da vida, vamos formando os critérios que se tornam parte de nós mesmos. No entanto, os critérios que em nós existem não nos chegaram do nada. Eles são partes de outras historicidades que compõem a teia de relações, que vamos tecendo ao longo de nosso caminhar existencial.

Cada vida ou experiência de viver é um caminho plural para o singular que somos. Nosso manual da vida é sempre um resumo, algumas vezes mal escrito, outras vezes bastante elaborado, de muitos outros manuais que foram incorporando-se a nosso mundo interior. No ímpar de nossas equações vivenciais, muitas outras vidas entraram em contato com nosso modo de ser, de ver e de viver.

Como viver plenamente e descobrir o sentido da vida a partir de uma existência povoada por outros tantos mundos? Essa pergunta não traz em si uma resposta anexada ao questionamento proposto. Descobrirá o sentido de viver quem tiver a coragem de ver a vida com um novo olhar, muito embora esse modo de olhar esteja preenchido por outros olhares já impressos em nosso ser.

Não há certezas no caminho da descoberta de si mesmo, pois o próprio ato de caminhar é incerto, tendo em vista que sempre iremos percorrer caminhos já trilhados por outros. Então qual o sentido da busca do bem-viver?

O que nos põe em contato com o sentido pleno da existência singular é o olhar que depositamos em caminhos plurais, o novo a partir de realidades velhas e perdidas em tempos passados.

A singularidade da vida não exclui os plurais de outras experiências impressas em nosso ser, mas atualiza-as e faz delas matéria-prima para novos aprendizados. Na gramática da arte do bem-viver, há sempre um novo texto a ser escrito a partir de contextos já finalizados.

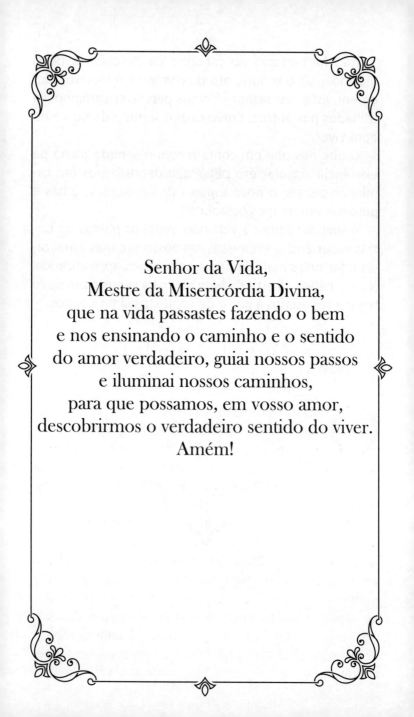

Senhor da Vida,
Mestre da Misericórdia Divina,
que na vida passastes fazendo o bem
e nos ensinando o caminho e o sentido
do amor verdadeiro, guiai nossos passos
e iluminai nossos caminhos,
para que possamos, em vosso amor,
descobrirmos o verdadeiro sentido do viver.
Amém!

SER AMIGO DO SILÊNCIO

O silêncio das tardes parece ter se perdido no passado. As manhãs perderam seu mistério no descortinar de um novo dia. O barulho ocupou todos os espaços que eram reservados ao silêncio. Em meio a um mundo agitado o silêncio foi, aos poucos, sendo esquecido.

Em pleno século XXI, o homem e a mulher contemporâneos redescobrem o valor do silêncio na confusa agitação da vida cotidiana. O que havia se perdido começa a ser redescoberto como fonte terapêutica. É grande o número de pessoas que procuram retiros e dias de pleno silêncio, nos quais podem estar desligadas das "redes sociais" e também da agitação da vida moderna.

Silenciar-se é tão terapêutico como o expressar-se. Desde a antiguidade, principalmente entre os monges do deserto, conhecidos também como "Terapeutas do Deserto", o silêncio era uma riqueza terapêutica. Por meio dele, homens e mulheres encontravam-se com Deus e consigo. Hoje, o ser humano tem sede de silêncio e de paz. A agitação da vida moderna roubou esse tesouro que pertence à alma.

Para os monges do deserto o silêncio era um remédio para a agitação que afligia o ser humano, pois nele a pessoa entra em contato com aquilo que ela possui de mais sagrado, ou seja, sua própria alma. E nos recônditos da alma se encontram as respostas que tanto se buscam para o cotidiano da vida. No silêncio da alma encontra-se a presença de Deus.

Parece-me tão lógico que o silêncio das tardes, das flores, da chuva, das paisagens nos mostre tão claramente que Deus se encontra lá, escondido no mistério... Como ouvir um amigo no meio de um show? Mesmo que ele grite a nosso ouvido, vamos compreender, ainda que com muito esforço, absolutamente quase nada do que ele tentou nos dizer. Para ouvir é preciso silenciar!

A arte do silêncio consiste em ouvir a voz de Deus, que nos espera em uma tarde serena, na chuva que irriga a terra para despertar a vida adormecida pela longa seca, nas flores que cumprem seu papel de falar da beleza da vida, nas paisagens que revelam o mistério que não precisa de palavras...

Se no silêncio que cala toda agitação encontramos Deus, então também nos encontraremos com aquilo que sempre buscamos: nós mesmos. Onde tudo se cala o mistério da vida nos aponta a beleza do que não pode ser expresso verbalmente.

Senhor Jesus Cristo,
que meu silêncio seja fonte de amor,
que eu descubra que não é gritando
que conseguirei resolver as
dificuldades da vida.
Ensinai-me a valorizar os olhares
misericordiosos que me mostram
o caminho de vosso amor.
Ajudai-me a calar quando for necessário
e falar quando for preciso.
Dai-me a sabedoria e o discernimento
necessários para que eu seja sinal de paz,
de amor e de misericórdia.
Amém!

II
Pequenas mudanças, grandes resultados

LIBERTAR-SE DO VENENO DA INVEJA

"Há poucos homens capazes de prestar homenagem ao sucesso de um amigo, sem qualquer inveja" (Ésquilo).

Não posso garantir que a frase acima seja do autor em questão. Mas uma coisa sei: ela carrega consigo uma verdade. Muitos se alegram com as dores do outro. Contraditório? Não.

Quando alguém não consegue uma vitória que havia buscado, há uma solidariedade por vezes camuflada. Nem todos se alegram, mas é verdade também que nem todos se compadecem. É mais fácil ser solidário na dor que se alegrar com as conquistas dos amigos. Ver a felicidade alheia causa sintomas que roubam a paz que falta no olhar de quem vê o sorriso da vitória.

Um sorriso que não nasce de nossos próprios lábios nem sempre é fácil de ser digerido. Bom mesmo é sorrir com nossas conquistas e ver o olhar do outro querendo consumir em prestações nossa felicidade. Triste realidade de quem vive na dependência do consumismo alheio. Mais triste ainda é ver a inveja destruir amizades.

Há diamantes querendo ser topázios, no entanto, não compreenderam que o rubi nunca será uma esmeralda. Cada um é um no projeto singular da existência humana. Se Deus nos fez diamantes, Ele irá, ao longo da vida, lapidar-nos para que sejamos um diamante mais bonito, mas nunca deixaremos de ser um diamante para nos tornarmos topázio. Precisamos aceitar nossas belezas e deixar que o outro seja tão belo quanto ele foi criado. Esse processo leva tempo, requer maturidade e confiança na graça de Deus, pois Ele nos fez únicos para sermos luz no mundo.

A inveja talvez tenha sua raiz na incapacidade que uma pessoa carrega, em si, de fazer a diferença, a partir de suas próprias capacidades. Quando o jardim do outro parece mais bonito do que o nosso próprio jardim, deixamos o cuidado de nosso tempo ao descuido e passamos a vida a contemplar as flores que não nos pertencem; deixamos as nossas morrerem secas pela inveja, que não nos permite cuidar de nossa própria vida.

A inveja deixa sim os olhos grandes, mas de incapacidades que poderiam ter se transformado em lindos jardins. Não é o elogio que faz o outro feliz, mas a capacidade que temos de cuidar de nossa própria vida e deixar o outro seguir seus próprios caminhos. Quem se preocupa demais com a vida alheia é porque já não tem mais tempo de cuidar de suas próprias demandas. Transformou sua vida no mito de Narciso, mas, em vez de contemplar sua própria face, enxerga sempre no lago de seus pensamentos o rosto da felicidade alheia. Perdeu seus olhos em um mundo que nunca será seu. O tempo que se usa vigiando a vida do outro seria muito mais bem aproveitado, se as pessoas cuidassem de suas próprias fragilidades humanas.

Senhor Jesus Cristo,
libertai-me do sentimento mesquinho
da inveja.
Ensinai-me a valorizar meus dons
e colocá-los a serviço de meus
irmãos e minhas irmãs.
Dai-me a felicidade de alegrar-me
com as conquistas e vitórias de
meus semelhantes.
Quero cuidar de minha alma,
como o jardineiro cuida dos canteiros,
com amor e paciência, esperando
o tempo certo das sementes germinarem
e das flores desabrocharem.
Assim quero ser: um jardineiro dos
canteiros de minha alma.
Amém!

SUPERAR A IMPACIÊNCIA DE CADA DIA

"Vale mais ter paciência do que ser valente; é melhor saber se controlar do que conquistar cidades inteiras" (Provérbios 16,32).

Um dos sentimentos mais perturbadores da atualidade tem nome: impaciência! A falta de paciência tem feito com que muitas pessoas se desesperem quando entram em contato com a realidade da vida. Muitos conflitos, raivas e mágoas têm ganhado vida devido à impaciência. Mas o que desencadeia esse sentimento? Como podemos exercitar a parcimônia em nossa vida? Como controlar a falta dessa virtude? Quais os segredos para ser paciente?

Paciência é uma virtude. Poderíamos defini-la como a capacidade de autocontrole diante de inúmeras realidades que ultrapassam nossos limites emocionais, sociais e espirituais.

A falta de paciência nasce na vida em função de inúmeros fatores. Fato é que a paciência faz parte de nosso processo humano. Há dias em que acordamos sem essa virtude. As dificuldades começam a se agravar quando a impaciência começa a ocupar grande parcela de nossos pensamentos e, como consequência disso, desestrutura nossa relação com o próximo, com nós mesmos e também com Deus.

Quando o nível de impaciência adquire espaços indevidos em nossa vida, entramos em um campo complexo que necessita de reflexão e que, na maioria das vezes, exige mudança de atitudes em relação ao que nos rouba a paz interior. Muitos dizem que não têm paciência, mas quando são questionados sobre o que lhes tira a paciência não sabem responder; e, quando essa resposta não é clara, temos um quadro bastante complexo, que precisa ser analisado tanto na área humana quanto na espiritual. Geralmente, quando não sabemos de onde ele surge, é porque estamos diante de uma realidade que não conhecemos ou, por medo, não queremos entrar em contato. O medo das próprias sombras nos impede de alcançar a luz que ilumina nossas mais profundas realidades sombrias.

Nem sempre é fácil aceitar o diferente. E essa é uma das realidades que mais roubam a paz de muitas pessoas. Na maioria das vezes, desejamos que o outro seja como nós, pense, sinta e veja o mundo a partir de nossos olhos. As relações interpessoais estão marcadas pela falta de paciência com o diferente. Muitos casais, após um tempo de namoro ou de casamento, acabam descobrindo que o namorado ou marido, a esposa ou a namorada, é uma pessoa diferente daquilo que imaginavam. Quando isso acontece, surgem os conflitos internos que desencadeiam, muitas vezes, sérios desentendimentos conjugais e de relacionamento.

Muitos processos de namoro idealizam o outro como o protótipo da perfeição. Imaginam que estão diante de um ser humano perfeito. Quando esse mito da perfeição começa a ser desconstruído, surge a decepção, a tristeza e a desilusão. Nem sempre é fácil aceitar que, durante muito tempo, se conviveu com alguém que não era tão perfeito como antes se havia imaginado. Geralmente, quando isso acontece, muitos casais se defrontam com uma verdade, com a qual até o momento não haviam tido contato. Superar a ilusão que foi criada e aceitar que o outro não é tão perfeito como se havia imaginado é um processo, muitas vezes, doloroso, que só é superado com muita compreensão e paciência.

Essa falta de paciência se reflete também em muitas famílias. Pais se desentendem com os filhos, quando entram em contato com a realidade familiar e descobrem que estes não estão correspondendo ao que um dia lhes fora ensinado. Esse fato tem causado muitos desajustes em inúmeras famílias. Durante a infância, os genitores os educaram com a melhor das intenções e procuravam levá-los à igreja; acreditavam sinceramente que eles iriam seguir os passos que, um dia, lhes fora ensinado. Mas a adolescência chega, e os filhos já não querem ir mais à Santa Missa, não obedecem tanto quanto antes obedeciam. Muitos se tornam rebeldes. Como enfrentar essa situação de desajuste nas relações familiares?

O princípio da paciência é fundamental. Nem sempre é fácil para os pais aceitarem que seus filhos, muitas vezes, não vão seguir tudo aquilo que eles ensinaram. Muitos genitores, quando se defrontam com essa realidade, entram em crise e tentam obrigá-los a fazer o que lhes fora ensinado um dia. A experiência mostra que forçar o outro a fazer aquilo que desejamos provoca muitas confusões e desajustes no lar. Na maioria das vezes, a rebeldia dos filhos em não querer ir à igreja é uma maneira camuflada de enfrentarem e dizerem aos pais: "Agora quem manda na minha vida sou eu!". A oração é fundamental para quem enfrenta situações desse tipo.

No diálogo com Deus, encontramos sabedoria para enfrentar situações complicadas e de difícil solução. Contudo, é preciso que os pais procurem conhecer os filhos e o momento que eles estão vivendo. O diálogo em família é fundamental. E sempre vale lembrar que a abertura para os filhos começa desde a infância. O que não foi construído no tempo dificilmente será construído na pressa. Quem nunca conseguiu se aproximar dos filhos quando estes eram pequenos, dificilmente vai conseguir fazê-lo na adolescência.

Se a relação de impaciência dos pais com os filhos pode ser conflitiva, o mesmo acontece em relação aos filhos com os pais. Nem sempre eles conseguem compreender as "cobranças" dos genitores. Interessante notar que muitos adolescentes querem que seus pais compreendam o mundo no qual estão vivendo atualmente. Essa tentativa nem sempre é frutífera, pois os pais viveram em épocas diferentes das quais os adolescentes e jovens vivem hoje. Tiveram uma educação diferente, de acordo com a época na qual viviam. Os filhos, portanto, precisam desenvolver um olhar compreensivo. Tudo isso faz parte da bagagem humana e espiritual dos pais. Sempre será preciso que haja compreensão e paciência de ambas as partes para que o respeito e o diálogo possam ser exercidos. O olhar de compreensão é fundamental nas relações familiares. Quando esse olhar é descuidado, a paciência cede lugar aos conflitos e desentendimentos.

O cultivo da paciência é um exercício diário. Muitas vezes, esse processo em nós é lento, mas nem por isso devemos desanimar. Deus é extremamente paciente com nossas limitações, com nossos erros, egoísmos e nossas mentiras. Será cultivando a paciência no jardim de nossa alma que colheremos flores de bondade e tolerância. A paciência somente será construída no meio de nós quando Jesus for nosso modelo de amor para com todos.

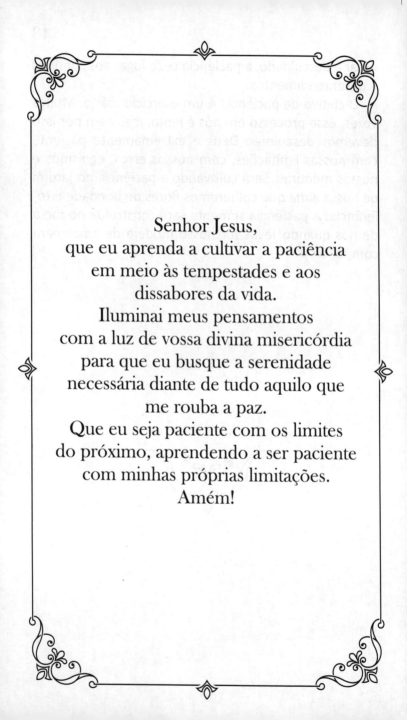

Senhor Jesus,
que eu aprenda a cultivar a paciência
em meio às tempestades e aos
dissabores da vida.
Iluminai meus pensamentos
com a luz de vossa divina misericórdia
para que eu busque a serenidade
necessária diante de tudo aquilo que
me rouba a paz.
Que eu seja paciente com os limites
do próximo, aprendendo a ser paciente
com minhas próprias limitações.
Amém!

SER CUIDADOSO
COM AS PALAVRAS

Palavras podem nos devolver a paz ou nos roubar o direito da felicidade. Nem sempre é fácil fazer da palavra um bálsamo que cure as feridas e as marcas de um tempo de dores e sofrimentos. Muitas palavras chegam como tempestades arrancando a paz da alma. Outras chegam como uma brisa serena, refrescando o calor das emoções que esperam o momento crucial para explodir em momentos de raiva.

Jesus fez da palavra uma maneira humana de devolver a vida aos territórios da alma, que se encontravam secos e sem esperança. Nas Palavras de Cristo, há a chance de recomeçar e a alegria das possibilidades escondidas no recomeço, que dependia da acolhida de cada ouvinte. No vocabulário da vida, cada pessoa encontrava o direito de trilhar outros contextos de uma história que poderia ser reescrita com as marcas de um novo tempo.

Ao longo do dia, pronunciamos uma infinidade de palavras. Algumas nascem de nossas revoltas e contradições; outras já estavam guardadas no baú de nossas maldades, esperando somente o momento de desferirem o golpe fatal que deixaria marcas eternas na alma de alguém. O dicionário da alma pode produzir frutos de amor ou destruir canteiros de sonhos.

Quando o filho pródigo retornou para a casa do pai em busca de acolhimento, encontrou palavras de amor. O pai não lhe pediu explicações, pois, ao olhar para o filho, já sabia que sua vida tinha se tornado uma tristeza. Não era preciso palavras naquele momento, apenas o olhar amoroso já expressava o que era necessário.

Em muitos momentos, perdoamos a quem nos ofendeu. No entanto, precisamos, antes, apresentar uma lista dos erros de quem nos magoou. O perdão é concedido mediante a lembrança de um passado que não deu certo. Antes do perdão, surgem as palavras que fazem a ferida da alma sangrar com mais força.

Diante do pecado da mulher flagrada em adultério, Jesus não pediu explicações. Perdoou-lhe e incentivou-a a não pecar novamente. O perdão foi concedido sem uma carta de acusações. A palavra de ternura a libertou dos erros passados, e ela teve a oportunidade de recomeçar sua história a partir de novos parágrafos de esperança.

Nossas palavras somente serão um bálsamo quando o vocabulário de nossa alma tiver a ternura da misericórdia do amor de Deus. Quem faz das palavras uma arma para ferir o próximo cria dentro de seu próprio coração um campo de batalhas que, aos poucos, vai exterminando a si mesmo.

Jesus Cristo,
que eu aprenda convosco a sensibilidade
das palavras que acalmavam os corações
aflitos e as almas agitadas.
Que meus lábios vos louvem com a
paz que emana de um coração agradecido.
Que do meu silêncio
germinem palavras que curem, acalmem
e cicatrizem as feridas das almas enfermas.
Derramai sobre minha alma
o bálsamo de vossa misericórdia
para que eu anuncie vossas maravilhas
a todo o mundo.
Amém!

NÃO SE DEIXAR DOMINAR PELA VINGANÇA

O primeiro sentimento que surge no coração de quem sofre uma traição é a vingança. "Assim como ele fez comigo, também farei com ele."
Perdoar nem sempre é fácil, principalmente quando a causa da ofensa abriu profundas feridas no coração. Muitos caminham pela vida com machucados abertos há muitas décadas. Buscam a cura, a cicatrização, mas, quando pensam que ela ocorreu, a ferida se abre novamente causando dores ainda maiores.

Jesus nos diz que devemos perdoar a nosso irmão setenta vezes sete, ou seja, o perdão não deve ter limites para ser concedido. No entanto, nossa realidade humana – frágil e pecadora – insiste em deixar que a ofensa seja maior que o perdão. Tudo isso se deve à profundidade que a mágoa causou em nossa alma.

Bom mesmo seria se conseguíssemos perdoar sempre e de coração.

O perdão é um processo que precisa de nossa ajuda para ser concedido de maneira plena. As causas das mágoas podem ser várias e ocorrer nas mais diversas situações, desde uma palavra mal interpretada até uma carência profunda e sem consciência. Muitos são os motivos para que as feridas abertas demorem muito tempo para serem cicatrizadas.

Quanto mais remoermos em nosso coração a ofensa sofrida tanto maior será a dificuldade de perdoar. A mágoa alimentada por nosso coração não é benéfica para nosso processo de cura interior. Pelo contrário, uma mágoa alimentada constantemente pelo sentimento de revolta aumenta as dores emocionais e dificulta o processo de cicatrização de uma ferida aberta.

O desejo de vingança é bastante comum em quem sofreu uma traição. O primeiro sentimento que surge no coração de quem passa por esse processo é: "Assim como ele fez comigo, também farei com ele". Esse sentimento é sempre prejudicial, porque nunca resolveremos um problema usando as mesmas "armas" que feriram nossa alma. Guerra de sentimentos produz destruição em massa do amor. A solução para os conflitos não está na vingança, mas, sim, no diálogo sincero, maduro e humano.

Não adianta falarmos para todo o mundo e espalharmos aos quatro ventos a revolta que sentimos se nunca tivermos a coragem de procurar a quem nos ofendeu. São muitas as situações em que o ser humano precisa de uma plateia que aplauda suas críticas para reforçar a ideia de que o agressor não merece perdão.

No tumulto das emoções, toda busca de reconciliação e de paz será infrutífera. É preciso cultivarmos a paciência da espera. Emoções à flor da pele nunca nos ajudarão na busca da paz. O tempo é um precioso aliado a quem deseja fazer do perdão um ponto de partida para um novo recomeço. Espere até que as ondas da fúria possam ceder lugar à serenidade das águas de um lago.

Nunca deixe de orar pela situação que você enfrenta. A oração é o alimento de nossa alma e a paz que acalma nossos sentimentos. Busque na oração o primeiro passo para a cura de suas mágoas. Coloque tudo o que você sente nas mãos de Deus e deixe que Ele transforme o negativo de suas emoções nas flores do perdão.

Senhor, Mestre do Amor,
ensinai-nos que a vingança
não é caminho para a solução dos
conflitos, mas uma semente do mal
que, se não for arrancada,
germina e destrói nossa alma.
Livrai-nos do desejo de nos vingarmos
de todos aqueles que nos feriram
e causaram-nos o mal de alguma maneira.
Que nosso perdão seja o antídoto
contra toda forma de mal.
Amém!

ENFRENTAR A DEPRESSÃO COM FÉ E ESPERANÇA

Hoje, há uma forte tendência ao aparecimento da depressão. Muitos são os fatores que causam essa patologia. Em qualquer caso, faz-se necessária uma ajuda terapêutica. Em muitos casos, é necessária a ajuda de medicamentos. Depressão é um sintoma de nosso tempo. Pode ser que ela sempre tenha existido em outros tempos, contudo recebia outros nomes e outros diagnósticos.

Não cabe aqui apresentarmos um relato clínico da depressão. Essa tarefa cabe a um profissional da área médica. Todavia, gostaria de conversar com você sobre a depressão a partir de uma perspectiva espiritual. É preciso deixar claro que não pretendo dizer ou afirmar que a causa do processo depressivo seja a área espiritual, mas a espiritualidade pode colaborar no processo de tratamento do depressivo.

Somos um todo. Sabemos que o ser humano não é visto mais como um ser fragmentado. Tudo aquilo que vivenciamos produz em nosso ser uma resposta positiva ou negativa. Nesse totalitário que somos, a espiritualidade está inserida. E a maneira como a vivenciamos afeta todo nosso ser e, consequentemente, nossa vida.

A fé dá sentido a nossa existência. Hoje, o ser humano tem sede de uma vivência espiritual profunda em sua vida. Na maioria dos casos, quando alguém diz que está com depressão e é questionado sobre sua vivência espiritual, essa pessoa diz: "Não tenho nenhuma vivência espiritual"; "Não participo de nenhuma Igreja"; "Faz muito tempo que não faço orações"; "Não tenho nenhum relacionamento com Deus". Essas respostas são seguidas das afirmações: "Estou sentindo um vazio em meu coração"; "Minha vida não tem sentido"; "Não consigo sentir Deus perto de mim"; "Ninguém gosta de mim"; "Queria morrer, porque não faria falta para ninguém". Outras afirmações ainda presentes: "Não consigo me amar"; "Não deveria ter nascido".

Não quero afirmar que essas respostas e afirmações de quem passa por um momento depressivo sejam a causa da depressão. A raiz pode estar em outros setores da vida, os quais podemos comentar em outra ocasião.

Esse vazio interior, alegado por um grande número de pessoas depressivas, pode ser desencadeado por inúmeros fatores. Do ponto de vista espiritual, o vazio interior pode ser ocasionado pela falta da presença de Deus. E quando me refiro a essa "falta", não estou afirmando que o Senhor não esteja junto da pessoa. Deus está sempre conosco, mas nós estamos sempre com Ele? Essa é uma grande questão espiritual que necessita de uma resposta clara e verdadeira de quem enfrenta um quadro depressivo.

A oração abre nossa alma para percebermos a presença de Deus em nossa vida. A participação na vida de comunidade nos coloca em contato com outras pessoas que se unem a nós, para que, juntos, alimentemo-nos do Pão da Palavra e da Eucaristia, o próprio Cristo, que nos devolve o sentido da vida. O relacionamento com o Senhor só é despertado em nós quando tomamos consciência de que somente Ele pode preencher o vazio que carregamos em nosso coração. Santo Agostinho já afirmava: "Fizeste-nos para ti, e inquieto está nosso coração enquanto não repousa em ti".

Superar o processo depressivo depende, em grande parte, da pessoa que sofre essa patologia. No entanto, a espiritualidade é uma forte aliada neste processo de superação. Afinal, no todo que somos, Cristo está presente.

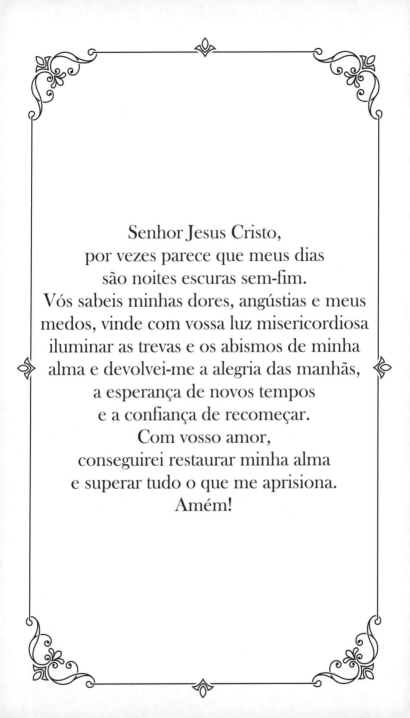

Senhor Jesus Cristo,
por vezes parece que meus dias
são noites escuras sem-fim.
Vós sabeis minhas dores, angústias e meus
medos, vinde com vossa luz misericordiosa
iluminar as trevas e os abismos de minha
alma e devolvei-me a alegria das manhãs,
a esperança de novos tempos
e a confiança de recomeçar.
Com vosso amor,
conseguirei restaurar minha alma
e superar tudo o que me aprisiona.
Amém!

III
Exercícios espirituais para ser feliz

ENCONTRAR A PRÓPRIA IDENTIDADE

Há momentos em nossa vida que os sonhos e ideais se despedaçam; tudo parece sem sentido e, no labirinto de nossos problemas, não conseguimos achar solução. Com certeza, já tivemos, em algum momento, esse sentimento: "Não vou conseguir me reerguer. Tudo está perdido!" Em meio à desilusão, nossas manhãs são sempre sombrias. O sol de um novo dia se esconde atrás de nossas frustrações e decepções. Nossas noites não são mais estreladas, e o inverno, que chega, parece não mais querer partir.

Somos tão frágeis como um vaso de barro; quebramos com facilidade. Um olhar de indiferença, uma ajuda negada ou uma expectativa não realizada pode partir nossa alma em mil caquinhos. Mas nossa fragilidade humana nos põe diante daquele que nos renova e restaura.

O que é restaurar? É consertar, recuperar, deixar em bom estado. Com o tempo, muitos objetos vão perdendo suas cores naturais; o processo de restauração de algum objeto ou imagem é algo de extrema delicadeza. Conheço uma imagem de um santo que sofreu inúmeras pinturas por pessoas que desconheciam seu valor histórico. Com certeza, a pintura original dela era bem diferente das tintas que foram usadas ao longo dos anos. Cada pessoa deve ter pintado a imagem a seu gosto.

Com o ser humano acontece o mesmo processo. Ao longo do tempo, vamos pintando nossa alma de inúmeras cores, desejos e sonhos. Chega um determinado momento na vida do ser humano que ele já não se reconhece mais, não sabe mais qual era sua identidade original, pois assumiu identidades que não eram suas. Coloriu sonhos com cores que não dariam uma tonalidade de esperança.

Muitas vezes, acostumamo-nos com os cacos de uma existência sem sentido, procuramos restauradores desqualificados e entregamos nosso coração a projetos de restauração enganosos.

Jesus é o grande restaurador de corações. Ele devolveu a dignidade humana aos excluídos de seu tempo. Prostitutas, ladrões e leprosos tiveram suas vidas restauradas pelo Senhor. Os cacos de uma vida sem dignidade foram juntados, e uma vida nova nasceu. O que antes era apenas uma vida de lágrimas e dores, passou a ser uma linda manhã de novas esperanças.

Os cacos de nossa vida podem se tornar a mais bela obra de arte da história. O mestre da restauração nos espera com um sorriso de alegria e paz. O olhar de Deus é sempre de esperança e de acolhida. O nosso projeto original é de vida em plenitude. As pinturas do engano e os cacos de um passado sem sentido esperam a restauração de um novo tempo.

Senhor Jesus,
restaurai meu coração,
que, por vezes, encontra-se despedaçado
e sem esperança de ser reconstruído.
São tantas as provações que,
por vezes, sinto-me sozinho
e desanimado.
Devolvei-me minha identidade original,
com a qual fui gerado no ventre
do vosso amor.
Amém!

DESCOBRIR O VERDADEIRO SENTIDO DA VIDA

Muitos se perguntam: "Como descobrir o sentido da vida?" Essa pergunta questiona o ser humano há milênios, independentemente de sua crença ou condição social. Encontrar o verdadeiro sentido de nossa existência terrena é um caminho que exige um esforço contínuo de crescimento interior e amadurecimento humano.

Em muitas situações dolorosas é comum ouvirmos: "Onde está Deus que não vê o meu sofrimento?" Nas Sagradas Escrituras, encontramos Jó, que perdeu tudo o que possuía: bens, família e saúde. Sem absolutamente nada, ele, muitas vezes, questionou o Senhor. No entanto, algo nele permanecia inabalável: a fé. E este é o primeiro passo para que você descubra o sentido da vida: cultivar a fé em Deus. Sem ela, a esperança se desfalece e as manhãs sempre são nubladas e sem vida. As trevas do desânimo ofuscam a beleza da luz divina, que é fonte de amor e paz. Cultive a fé e permaneça fiel a Deus na alegria e na tristeza, na saúde e na doença, e encontrará o sentido maior de viver.

Quem caminha pela vida sem direção segura, facilmente, perde-se de si mesmo, dos outros e de Deus. Precisamos de uma orientação que nos guie e dê confiança todos os dias de nossa existência. Onde encontrar tal orientação que dá sentido à vida? A Palavra de Deus é luz para nossos passos. Ler, meditar e ouvir o que o Senhor nos fala por meio de sua Palavra é o segundo passo para retomar o caminho da paz, antes roubado por tantas preocupações.

Muitos possuem uma grande quantidade de bens materiais, mas têm uma vida triste e sem sentido. O dinheiro não trouxe a felicidade sonhada; os bens adquiridos preencheram momentaneamente o coração, que ainda se encontra em um grande vazio existencial. Mas há um tesouro que nunca se acaba e é fonte de felicidade eterna: a prática do bem. Jesus é o mestre da solidariedade. Ele nos ensina que o maior tesouro se encontra no bem que praticamos. O terceiro passo para descobrir o sentido da vida é este: fazer o bem. Quando ajudamos alguém, nossa alma repousa em uma paz tão profunda, que nem mesmo a maior fortuna em dinheiro poderá comprá-la. Não tenha medo de ser solidário, pois os frutos são sementes de uma vida nova. Ame e deixe-se amar.

O quarto passo para descobrir o sentido da vida consiste em cultivar a paz no coração. A paz que sonhamos para nossa vida começa a ser construída dentro do próprio coração. Não conseguiremos mudar o mundo, enquanto não modificarmos nosso interior. Pequenos gestos fazem grande diferença. A semente da paz germina em atos de solidariedade e misericórdia. Cultive a paz, concretamente, e você a verá florescer em sua alma, como uma linda manhã de eterna primavera.

O cultivo da fé, a orientação espiritual buscada na Palavra de Deus, a prática concreta do bem e a busca da paz só darão um sentido completo a nossa vida se estiverem alicerçados sob uma profunda e constante vida de oração. E este é o quinto passo para descobrir o sentido da vida: cultivar uma vida de oração.

A oração é alimento para nossa vida espiritual e humana. Quando oramos, preenchemos os espaços vazios de nossa alma com um amor que transcende toda a nossa existência. Deus habita nosso coração, mas precisamos sempre ir a seu encontro. A intimidade de uma vida de oração cultivada diariamente nos aproxima sempre mais de Deus e dos irmãos.

Não desanime em meio às tempestades da vida; ao contrário, busque, nesses cinco passos, um caminho seguro para que sua vida tenha um sentido pleno de transcendência.

Senhor da Vida,
que passastes pelo mundo fazendo o
bem e ensinando-nos o verdadeiro sentido
da palavra amor, ajudai-me a descobrir
o sentido verdadeiro de meus gestos,
de minhas palavras e ações.
Quero seguir vosso exemplo solidário
e misericordioso e crescer a cada dia
mais na prática do amor fraterno,
em favor de meus irmãos e minhas irmãs.
Convosco quero caminhar e construir,
na terra, o céu que espero um dia habitar.
Amém!

AJUDAR O PRÓXIMO COM MISERICÓRDIA

Sempre há alguém precisando de nossa ajuda emocional, seja uma palavra amiga, uma orientação ou simplesmente alguém que escute os sofrimentos da alma. Contudo, nem sempre sabemos como agir diante de determinada situação, pois somos extremamente complexos e frágeis. Sempre existe o medo de que nossas palavras sejam mal interpretadas. Como ajudar eficazmente quem precisa de nossa ajuda?

Ajudar é um processo que exige, em primeiro lugar, maturidade emocional e espiritual. Uma pessoa imatura dificilmente poderá contribuir com alguém que enfrenta crises pessoais complexas e que exige um cuidado especial no acolhimento do que será partilhado. Por isso mesmo, é preciso nos questionar se temos condições humanas e espirituais de ajudar alguém ou se, no momento, seria mais prudente, e oportuno, indicar outra pessoa mais madura para auxiliar em determinados contextos enfrentados por quem nos procurou.

Quem nos procura não quer ser tratado como um objeto, não é uma mercadoria. Não deseja ser analisado, mas necessita de compreensão e empatia. Uma atitude que vê o outro como um problema sem solução não contribui para uma ajuda eficaz. É necessário disponibilidade interior para compreender os sentimentos do outro sem nos perdermos dos nossos.

O que é revelado sempre deverá conter um caráter confidencial. Talvez, o que ouviremos nunca tenha sido partilhado com outra pessoa. Diante de nós, será depositado tudo aquilo que a pessoa vive e sente; nesse caso, o respeito à dor e ao sofrimento dela se torna fundamental. No processo de acolhimento, é necessário ser quem se é, sem necessidade de fingimentos.

Diante de determinados relatos, corremos o risco de nos irritarmos com aquilo que nos é apresentado. Talvez, a história seja longa demais ou não concordemos com determinadas atitudes. Quando a pessoa percebe a irritação expressa na fala ou no semblante do interlocutor, cria um bloqueio emocional que rouba a confiança que estava sendo depositada até então.

Somente poderá compreender os sentimentos do outro quem antes estiver consciente dos seus e aceitá-los. Não há como compreender o outro se antes não houver compreensão de si mesmo. Atitudes de atenção, afeição, ternura, interesse e respeito nem sempre são fáceis de serem transmitidas, mas são essenciais para quem deseja ser um canal de ajuda.

Na relação de ajuda, corremos o risco de ficarmos deprimidos com a depressão do outro, ou angustiado com a angústia que nos é apresentada. É preciso ter, em si mesmo, uma maturidade humana e espiritual para entrar no mundo do outro, procurando ver como ele vê a vida, sem perder-se de si mesmo.

Nem sempre é fácil aceitar o outro como ele é. Diante de nós estão colocadas todas as fragilidades e os pecados guardados em um coração sofrido e machucado. Como reagir a tudo isso? Condenar e decretar uma sentença? Não! Será preciso agir com extrema delicadeza para que nosso comportamento não seja interpretado como uma ameaça, criando assim um bloqueio na relação de ajuda.

Enfim, é preciso, contudo, ver o outro como um ser humano em processo de transformação: uma pessoa amada por Deus e que, muitas vezes, precisa resgatar sua dignidade diante de si mesmo e da sociedade. Quando quem nos procura é acolhido como uma criança imatura, alguém ignorante ou ainda como um problema sem solução, limitamos a relação de ajuda e não permitimos que a pessoa desenvolva suas possibilidades de crescimento interior, tanto humano quanto espiritual.

A compreensão é um processo de misericórdia e compaixão que se estabelece quando a confiança e o respeito são preservados como algo sagrado na relação interpessoal. Não há ajuda eficaz quando quem nos procura não encontra uma oportunidade de recomeçar a escrever sua história de vida.

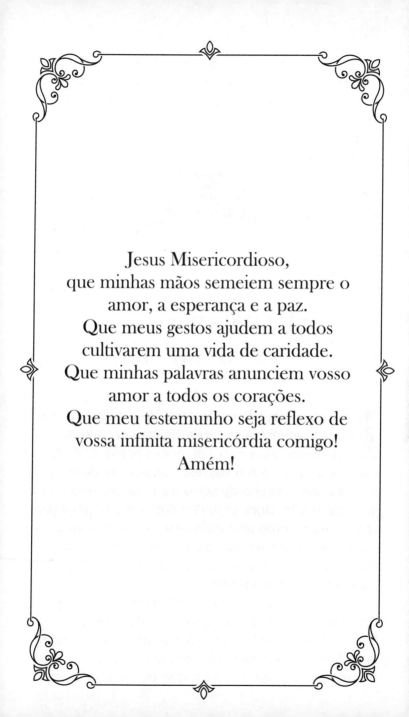

Jesus Misericordioso,
que minhas mãos semeiem sempre o amor, a esperança e a paz.
Que meus gestos ajudem a todos cultivarem uma vida de caridade.
Que minhas palavras anunciem vosso amor a todos os corações.
Que meu testemunho seja reflexo de vossa infinita misericórdia comigo!
Amém!

ILUMINAR A VIDA COM AMOR

Foi atravessando os desertos do preconceito que Jesus adentrou no território mais sagrado do ser humano: o coração. Em regiões pagãs, onde cada tarde anunciava o fim das esperanças, Ele devolvia a cada pessoa o direito de ver o dia renascer com cores de ressurreição. Onde os limites das fronteiras da impureza serviam como obstáculos para a vivência do amor incondicional, Jesus Cristo ajudou cada um dos que dele se aproximavam a descobrir que a Fé que carregavam na alma era sem fronteiras.

Foi em um dia, em que o sol escondia o brilho de uma linda manhã, que se aproximou de Jesus uma mulher, cuja filha era atormentada por um demônio. Aquela mulher carregava na vida uma noite que não permitia sua filha contemplar a estação de um novo tempo, em que as flores pudessem devolver à vida a beleza de outros tempos. Nos limites da vida, ela reconhecia em Jesus aquele que poderia ajudar sua filha a vislumbrar uma manhã de possibilidades.

Diante de Jesus, aquela mulher reconheceu sua condição de pagã. O fim das esperanças, anunciada por muitas tardes, começava a se transformar em sinais de um novo tempo que iria chegar. Jesus olhou além das aparências que aquela mulher trazia impressa nas páginas da história de sua vida, já cansada de sofrimentos e dores. O olhar de Cristo adentrou o território pagão daquela vida e reconheceu, no grito de uma mãe, que clamava pela cura de sua filha, uma fé que ultrapassava os limites das palavras.

O clamor das lágrimas de outrora acendeu a chama da fé adormecida no coração daquela mulher e transformou o inverno de angústias em uma linda manhã de primavera. Diante da dor estacionada no coração de cada ser humano, os limites da fé podem ultrapassar as fronteiras que impedem a vivência de uma nova vida de plenitude e paz. E foi assim que dois cegos se aproximaram de Jesus. Enquanto Jesus passava, os olhos da alma daqueles cegos se abriram para a possibilidade de terem a dignidade de suas vidas resgatadas. Diante dos olhares daquela sociedade, eles haviam sido condenados por Deus, por terem cometido algum pecado muito grave. Excluídos da sociedade, conviviam com o peso de carregarem nos ombros uma impureza imposta por outros.

Jesus, ao curar aqueles cegos, desmascara um sistema religioso opressor, que impedia os doentes de se sentirem amados por Deus. Os olhos da vida foram abertos para que aqueles dois cegos pudessem testemunhar a misericórdia de um Deus que se compadece com a dor de seus filhos. As alegrias de um novo tempo deixaram para trás as noites da condenação. Eles agora podiam caminhar na luz de um novo tempo nascido da fé que carregavam no coração. Só pode se despedir do medo quem, com a fé, aprendeu a caminhar na confiança da misericórdia de Deus.

As fronteiras da fé se tornam sem limites, a partir do momento em que as cercas da desconfiança são derrubadas e os campos da esperança são unidos pelo amor que depositamos em Deus. O que nos une em Cristo é a fé que carregamos em nosso coração. Se nas incertezas da vida o medo quiser fazer morada em nossa alma, será preciso construir um caminho que una nossa esperança ao amor que Cristo tem por cada um de nós. As tardes da vida somente são poéticas e belas quando a fé é a certeza plena de um novo amanhecer.

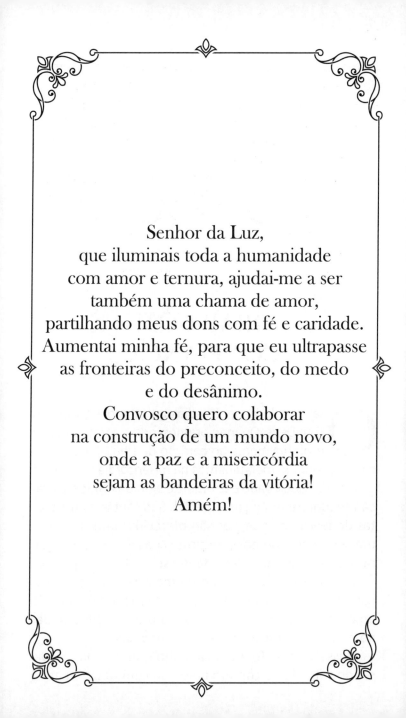

Senhor da Luz,
que iluminais toda a humanidade
com amor e ternura, ajudai-me a ser
também uma chama de amor,
partilhando meus dons com fé e caridade.
Aumentai minha fé, para que eu ultrapasse
as fronteiras do preconceito, do medo
e do desânimo.
Convosco quero colaborar
na construção de um mundo novo,
onde a paz e a misericórdia
sejam as bandeiras da vitória!
Amém!

ORAR COM CONFIANÇA

Orar é colocar-se em diálogo íntimo e profundo com Deus. Quando oramos, nosso coração se une espiritualmente ao coração de Deus. E nesse encontro profundo mergulhamos na misericórdia do Senhor.

Em uma sociedade extremante agitada e veloz, a oração readquire um lugar especial. São tantas as propostas de felicidade que nos são oferecidas que corremos um sério risco: de nos perdermos nas ilusões passageiras e acharmos que a felicidade está no ter e no possuir.

Contudo, quando iniciamos uma vida de oração, descobrimos, gradativamente, que a felicidade é fruto do amor de Deus por nós. Por isso, a oração tem o poder de restaurar corações e transformar vidas.

Nossa vida de fé é um caminho que, a cada dia, vai sendo trilhado no contato amoroso com Deus. Quando deixamos de orar, nossa alma desfalece e, gradativamente, nossa fé vai diminuindo. Quanto mais rezamos mais estamos unidos a Deus e maior será os efeitos da oração em nossa vida.

O poder da oração restaura a alma, desfaz o pessimismo e reacende novas manhãs de esperança em nossa alma. Nos momentos de oração, nossa alma se une a Deus, de tal maneira, que um novo tempo é iniciado em nossa vida. O amor de Deus abraça-nos na misericórdia de sua bondade infinita.

Quem busca forças na oração renova-se diariamente. Por isso mesmo, é sempre necessário adquirirmos a consciência de que uma vida de oração é vital para a saúde espiritual. Nossa alma se alimenta daquilo que a ela oferecemos, e, quando rezamos, estamos fortalecendo nossa vida contra os vírus da maldade, que querem destruir nosso sistema imunológico espiritual.

Uma alma fortalecida pela oração supera, em Deus, as dificuldades da vida, e mesmo que as tempestades sejam fortes, e causem medo, a pessoa tem a certeza que de que não está sozinha no braço da vida, porque Jesus está sempre segurando em suas mãos. A misericórdia do Senhor se une a nossa condição humana, também por intermédio de nossas súplicas, clamores e louvores.

Que o poder da oração transforme nosso coração em um altar de eterno louvor ao Senhor.

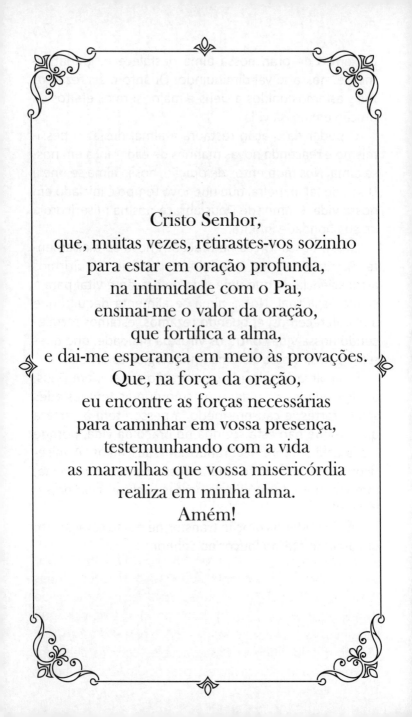

Cristo Senhor,
que, muitas vezes, retirastes-vos sozinho
para estar em oração profunda,
na intimidade com o Pai,
ensinai-me o valor da oração,
que fortifica a alma,
e dai-me esperança em meio às provações.
Que, na força da oração,
eu encontre as forças necessárias
para caminhar em vossa presença,
testemunhando com a vida
as maravilhas que vossa misericórdia
realiza em minha alma.
Amém!

TER PROPÓSITOS ESPIRITUAIS ELEVADOS

Quando Jesus se aproximou daqueles pescadores, eles não tinham em mente a mudança que iria acontecer em suas vidas. No silêncio daqueles olhares assustados, Jesus viu as possibilidades de uma vida plena. E foi assim que de pescadores aqueles homens experimentaram, na vida, uma mudança que deixaria marcas na história da humanidade.

Na simplicidade das palavras, aqueles pescadores puderam vislumbrar um futuro de novas possibilidades, nascidas por meio de um olhar que adentrava os mais longínquos territórios da alma. O futuro apresentava-se belo e carregado de felicidade plena. Estavam diante do Mestre da Vida, que lhes anunciava novos tempos de amor e paz. E foi assim que, seduzidos pelo amor de Cristo, aqueles homens deixaram suas redes e adentraram nas estações de um novo tempo.

Agora, na companhia de Cristo, a vida ganhava outras tonalidades. A esperança que Cristo depositava em cada coração anunciava, a cada dia, uma nova oportunidade de serem felizes. O caminho que estavam trilhando, agora, indicava-lhes vidas que poderiam ser transformadas pela mesma experiência, que faziam eles, do amor de Cristo.

Aos poucos, foram assumindo, na vida, uma nova rotina que nascia na alma. Os canteiros do coração recebiam, a cada novo dia, o adubo da fé. As flores surgiram belas, em cantos da alma que, até então, eram um terreno sem muitas perspectivas.

O encontro autêntico, e verdadeiro, com Jesus nos desinstala de nossa rotina e apresenta-nos uma vida repleta dos mais belos propósitos, nascidos do amor de Deus, derramado em nosso coração.

Muitos caminham pela vida com propósitos contrários ao Reino de Deus. Pensam apenas em si mesmos e excluem de seus dons e talentos seus irmãos e irmãs. Caminham pela vida sozinhos e se tornam prisioneiros de seu próprio egoísmo.

Uma vida com propósitos cristãos começa a ser vivenciada quando nos encontramos verdadeiramente com Cristo. E esse encontro transforma nossa vida em todas as dimensões. Assim como os primeiros discípulos, deixamos nossas seguranças para vivermos sob a luz de um novo tempo que inaugura, em nossa vida, as mais belas possibilidades que Deus semeia em nosso coração.

Somente quem se descobre discípulo, no serviço livre e desinteressado, poderá viver em sua vida os mais belos propósitos que semeiam pelo mundo um tempo novo de paz, amor e esperança. Em Cristo somos transformados em novas criaturas, e, somente assim, nossos propósitos serão aqueles que Deus preparou para nossa missão de anúncio profético de seu Reino de amor.

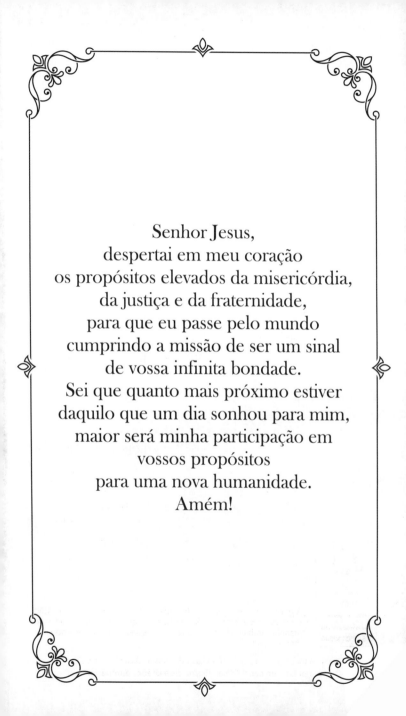

Senhor Jesus,
despertai em meu coração
os propósitos elevados da misericórdia,
da justiça e da fraternidade,
para que eu passe pelo mundo
cumprindo a missão de ser um sinal
de vossa infinita bondade.
Sei que quanto mais próximo estiver
daquilo que um dia sonhou para mim,
maior será minha participação em
vossos propósitos
para uma nova humanidade.
Amém!

A marca FSC® é a garantia de que a madeira utilizada na fabricação do papel deste livro provém de florestas que foram gerenciadas de maneira ambientalmente correta, socialmente justa e economicamente viável.

Este livro foi composto com as famílias tipográficas Baskerville e Calibri e impresso em papel Offset 75g/m² pela **Gráfica Santuário.**